English · French

My First Book of
Words & Pictures

Compiled by Colin Clark
Illustrations by Terry Burton

hair
les cheveux

dog
le chien

car
la voiture

Anglais · Français

Mon Premier Livre de
Mots et d'Images

Brown Watson
ENGLAND

Contents / *Sommaire*

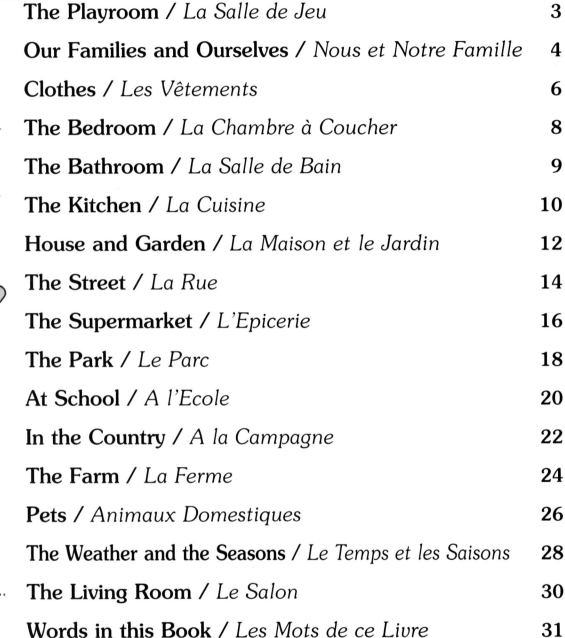

This edition first published 2000 by
Brown Watson,
The Old Mill, Fleckney Road,
Kibworth Beauchamp, Leics. LE8 0HG
© 2000 Brown Watson
ISBN 0-7097-1383-5
Printed in the E.C.

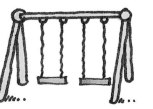

The Playroom / *La Salle de Jeu*

building bricks
les cubes

train
le train

playing cards
les cartes

computer
l'ordinateur

keyboard
le clavier

mouse
la souris

doll's pram
la voiture de poupée

doll's house
la maison de poupée

teddy bear
l'ours en peluche

counting frame
le boulier

car
la voiture

dolls
les poupées

paintbox
la boîte de peinture

puppet
la marionnette

soft toys
les animaux en peluche

aeroplane
l'avion

3

Our Families and Ourselves
Nous et Notre Famille

father / husband
le père / le mari

grandfather
le grand-père

hair
les cheveux

ear
l'oreille

grandmother
la grand-mère

face
le visage

daughter /sister
la fille / la sœur

son /brother
le fils / le frère

shoulder
l'épaule

lips
les lèvres

tongue
la langue

foot
le pied

toes
les orteils

fingers
les doigts

thumb
le pouce

mouth
la bouche

elbow
le coude

hand
la main

4

mother / wife
la mère / la femme

grandmother
la grand-mère

uncle
l'oncle

eye
l'œil

nose
le nez

finger
le doigt

aunt
la tante

wrist
le poignet

eyebrow
le sourcil

teeth
les dents

neck
le cou

arm
le bras

head
la tête

knee
le genou

leg
la jambe

chest
la poitrine

5

Clothes / *Les Vêtements*

cap
la casquette

gloves
les gants

jacket
le blouson

pullover
le chandail

T-shirt
le tee-shirt

underpants
le slip

belt
la ceinture

trousers
le pantalon

shoes
les souliers

socks
les chaussettes

pyjamas
le pyjama

skirt
la jupe

scarf
l'écharpe

blouse
la blouse

stockings
les bas

6

coat
le manteau

shirt
la chemise

tie
la cravate

knickers
la culotte

jeans
le jeans

tracksuit
le survêtement

shorts
le short

tights
le collant

braces
les bretelles

boots
les bottes

nightdress
la chemise de nuit

handkerchief
le mouchoir

ribbon
le ruban

dress
la robe

7

The Bedroom / *La Chambre à Coucher*

wardrobe
l'armoire

bed
le lit

pillow
l'oreiller

blanket
la couverture

duvet
la couette

sheet
le drap

chest of drawers
la commode

alarm clock
le réveil

comb
le peigne

lamp
la lampe

quilt
le couvre-lit

coat hanger
le cintre

poster
l'affiche

hairdryer
le séchoir

hairbrush
la brosse à cheveux

The Bathroom / *La Salle de Bain*

bath
la baignoire

bidet
le bidet

sink
le lavabo

shampoo
le shampooing

toilet
les toilettes

shower
la douche

towel
la serviette

towel rail
le porte-serviettes

sponge
l'éponge

tap
le robinet

medicine cabinet
la pharmacie

plug
le bouchon

bathroom scales
la balance

toothpaste
le dentifrice

bubbles
la mousse

9

The Kitchen / *La Cuisine*

cooker
la cuisinière

plate
l'assiette

oven
le four

fork
la fourchette

knife
le couteau

spoon
la cuiller

frying pan
la poêle

washing machine
le lave-linge

refrigerator
le réfrigérateur

freezer
le congélateur

apron
le tablier

broom
le balai

jug
la cruche

bottle
la bouteille

socket
la prise électrique

whisk
le fouet

saucepan
la casserole

waste bin
la poubelle

keys
les clés

cup
la tasse

saucer
la soucoupe

kettle
la bouilloire

plug
la prise

ironing board
la planche à repasser

iron
le fer à repasser

vacuum cleaner
l'aspirateur

switch
l'interrupteur

jar
le pot

brush
la brosse

food-mixer
le malaxeur

egg cup
le coquetier

11

House and Garden / *La Maison et le Jardin*

hedge
la haie

lawnmower
la tondeuse

rake
le râteau

ants
les fourmis

dustbin
la poubelle

lawn
la pelouse

ladder
l'échelle

spade
la pelle

wheelbarrow
la brouette

hosepipe
le tuyau d'arrosage

gate
la clôture

window
la fenêtre

watering can
l'arrosoir

front door
la porte d'entrée

12

TV aerial
l'antenne

chimney
la cheminée

flowers
les fleurs

sprinkler
l'arroseur

bees
les abeilles

bonfire
le feu

window box
le bac à fleurs

trowel
la petite pelle

gutter
la gouttière

drainpipe
le tuyau de
descente

roof
le toit

shed
la remise

greenhouse
la serre

bird table
la mangeoire
d'oiseaux

snails
les
escargots

vegetables
les légumes

13

The Street / *La Rue*

petrol pump
la pompe à essence

steam roller
le rouleau compresseur

police car
la voiture de police

bank
la banque

digger
l'excavatrice

taxi
le taxi

road
la rue

bus
l'autobus

bicycle
la bicyclette

telephone box
la cabine téléphonique

motorist
l'automobiliste

car
la voiture

traffic lights
les feux de signalisation

shop
le magasin

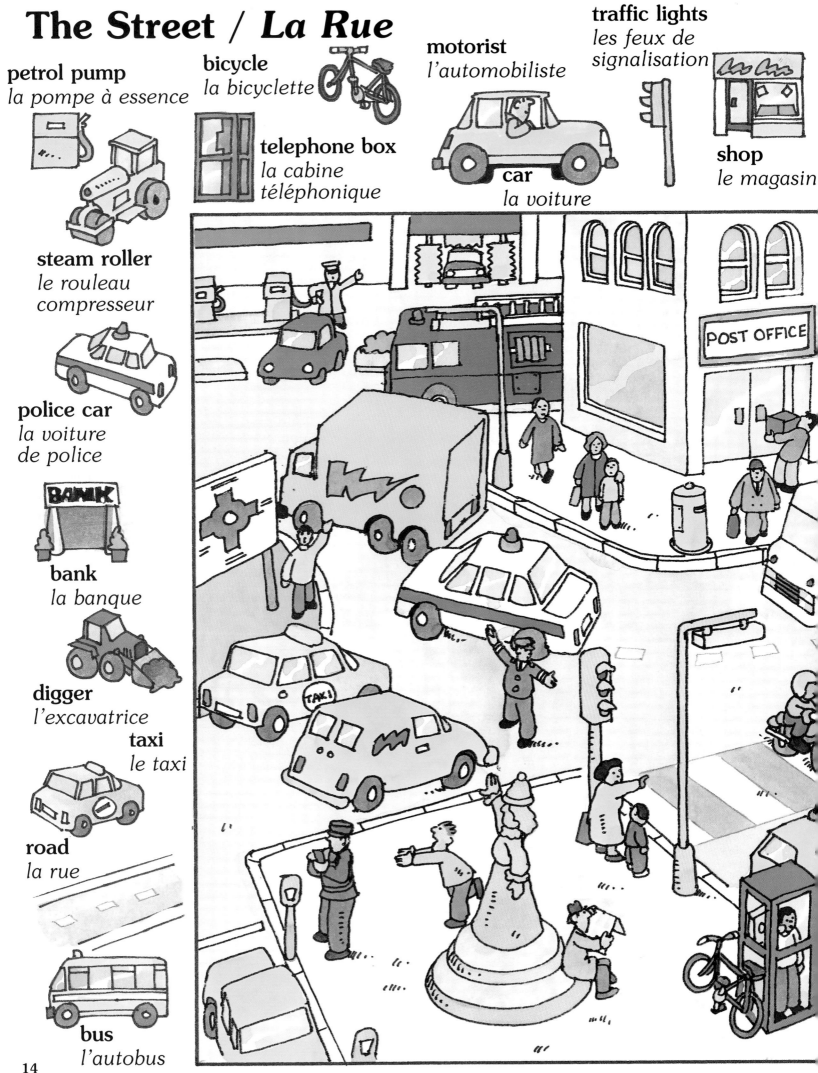

14

streetlight
le lampadaire

motor cyclist
le motocycliste

petrol station
la station-service

attendant
le pompiste

breakdown lorry
la dépanneuse

pedestrian
le piéton

POST OFFICE

post office
le bureau de poste

ambulance
l'ambulance

market
le marché

lorry
le camion

bus stop
l'arrêt d'autobus

fire-engine
le camion de pompiers

church
l'église

parking meter
le parcmètre

traffic warden
l'agent

postbox
la boîte aux lettres

BANK

c.r.

15

The Supermarket / *L'Epicerie*

cashier
la caissière

bread
le pain

fish
le poisson

cheese
le fromage

slice of bread
la tranche de pain

checkout
la caisse

credit card
la carte de crédit

butter
le beurre

eggs
les œufs

ham
le jambon

money
l'argent

tomatoes
les tomates

lemons
les citrons

mushrooms
les champignons

bananas
les bananes

carrots
les carottes

washing powder la lessive

till la caisse

spaghetti les spaghettis

receipt le reçu

apples les pommes

trolley le chariot

toilet paper le papier toilette

chocolate bar la tablette de chocolat

sausages les saucisses

pears les poires

oranges les oranges

pineapple l'ananas

potatoes les pommes de terre

cucumber le concombre

cabbage le chou

lettuce la laitue

17

The Park / Le Parc

litter bin
la poubelle

spade
la pelle

bucket
le seau

tadpoles
les têtards

ball
la balle

bicycle
la bicyclette

pushchair
la poussette

see-saw
la balançoire

fountain
la fontaine

swings
la balançoire

lead
la laisse

frog
la grenouille

net
le filet

skateboard
le skateboard

pigeons
les pigeons

collar
le collier

sandpit
le bac à sable

yacht
le bateau

slide
le toboggan

wheelchair
la chaise roulante

drinking fountain
la fontaine publique

climbing frame
la cage à écureuil

bandstand
le kiosque à musique

duck
le canard

scooter
la trottinette

dog
le chien

muzzle
la muselière

skipping-rope
la corde à sauter

kite
le cerf-volant

pond
l'étang

roundabout
le manège

bench
le banc

19

At School / A l'Ecole

shapes
les formes

slide projector
le projecteur

pencil-case
*la boîte à
crayons*

blackboard
le tableau

desk
le bureau

chalk
les craies

teacher
le maître

pencils
les crayons

magnet
l'aimant

easel
le chevalet

wall chart
le poster

triangle
le triangle

pot of
paint
*le pot de
peinture*

crayons
les pastels

alphabet
l'alphabet

pens
les stylos

Aa Bc Cc Dd Ee
Ff Gg Hh Ii Jj
Kk Ll Mm Nn Oo
Pp Qq Rr Ss Tt
Uu Vv Ww Xx
Yy Z

Jan

abcdefg
hijklmn
opqrstu
vwxyz

globe
le globe terrestre

notebook
le calepin

paper
le papier

school bus
l'autobus scolaire

modelling clay
la terre glaise

calendar
le calendrier

JAN

satchel
le cartable

model aircraft
la maquette d'avion

writing
l'écriture

pot of paste
le pot de colle

bell
la sonnette

paintbrush
le pinceau

lunch box
la boîte à déjeuner

ruler
la règle

recorder
la flûte à bec

drawing
le dessin

In the Country / *A la campagne*

windmill
le moulin

water mill
le moulin à eau

stream
le ruisseau

rucksack
le sac à dos

butterfly
le papillon

waterfall
la cascade

lock
l'écluse

stepping stones
les pierres

molehill
la taupinière

forest
les bois

rowing boat
la barque

hill
la colline

bridge
le pont

tent
la tente

fox
le renard

field
le champ

scarecrow
l'épouvantail

22

picnic
le pique-nique

campfire
le feu de camp

map
la carte

hiker
le randonneur

camper
le campeur

barbecue
le barbecue

sleeping bag
le sac de couchage

canoe
le canot

canal
le canal

mountains
les montagnes

houseboat
le bateau

caravan
la caravane

fisherman
le pêcheur

fishing rod
la canne à pêche

picnic basket
le panier à pique-nique

deer
le cerf

23

The Farm / *La Ferme*

orchard
le verger

goslings
les oisons

pigsty
la porcherie

shepherd
le berger

farmhouse
la maison de ferme

stable
l'étable

bull
le taureau

horse
le cheval

foal
le poulain

barn
la grange

henhouse
le poulailler

calf
le veau

cow
la vache

wagon
la charrette

milk tanker
le camion-citerne

plough
la charrue

farmer
le fermier

farmer's wife
la fermière

tractor
le tracteur

sheepdog
le chien de berger

horseshoe
le fer à cheval

lamb
l'agneau

sheep
les moutons

duck
le canard

ducklings
les canetons

turkey
le dindon

kennel
la niche

piglet
le cochonnet

pig
le cochon

cockerel
le coq

milk churn
le seau à lait

chicks
les poussins

hen
la poule

25

Pets / *Animaux Domestiques*

budgerigar
la perruche

gerbils
les gerbilles

cat-flap
la chatière

fish tank
l'aquarium

beak
le bec

tortoise
la tortue

birdcage
la cage à oiseaux

puppies
les chiots

mouse
la souris

cat's tail
la queue du chat

pigeon's wing
l'aile du pigeon

rabbits
les lapins

goldfish
les poissons rouges

terrapins
les tortues d'eau

toad
le crapaud

water weed
les plantes aquatiques

kittens
les chatons

canary
le canari

parrot
le perroquet

hamsters
les hamsters

perch
le perchoir

kennel
la niche

bird's claw
la patte de l'oiseau

cat's paw
*la patte
du chat*

dog's bowl
le bol du chien

pony
le poney

horse's hoof
*le sabot du
cheval*

wheel
la roue

stick insect
le phasme

bird
l'oiseau

rabbit hutch
la cage à lapins

dove
la colombe

bone
l'os

The Weather and the Seasons
Le Temps et les Saisons

spring
le printemps

summer
l'été

autumn
l'automne

winter
l'hiver

clouds
les nuages

fog
le brouillard

snow
la neige

flood
l'inondation

ice
la glace

weather vane
la girouette

storm
la tempête

wind
le vent

snowman
le bonhomme de neige

dew
la rosée

rainbow
l'arc-en-ciel

sunshine
les rayons de solei

rain
la pluie

hail
la grêle

frost
le gel

icicles
les stalactites

mud
la boue

lightning
l'orage

gale
le coup de vent

sowing time
le temps des semailles

snowballs
les boules de neige

sledge
la luge

windsock
la manche à air

moonlight
le clair de lune

shadow
l'ombre

barometer
le baromètre

snowflakes
les flocons de neige

weather chart
la carte météo

starry sky
le ciel étoilé

29

The Living Room / Le Salon

footstool
le tabouret

coffee table
la table de salon

screen
l'écran

cushion
le coussin

sofa
le canapé

hi-fi
la chaîne stéréo

television
la télévision

books
les livres

fireplace
la cheminée

video recorder
le magnétoscope

table
la table

chair
la chaise

armchair
le fauteuil

telephone
le téléphone

photographs
les photos

painting
la peinture

30

Index

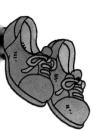

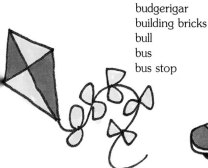

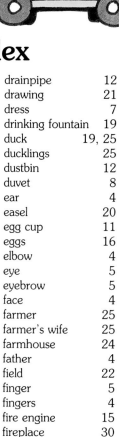
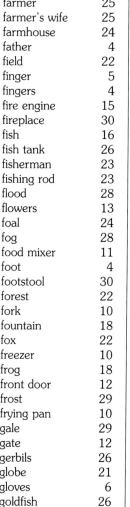

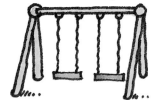

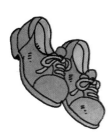

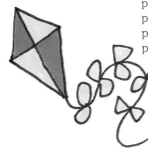

medicine cabinet	9	pony	27
milk churn	25	post office	15
milk tanker	24	postbox	15
model aircraft	21	poster	8
modelling clay	21	pot of paint	20
molehill	22	pot of paste	21
money	16	potatoes	17
moonlight	29	pullover	6
mother	5	puppet	3
motor cyclist	15	puppies	26
motorist	14	pushchair	18
mountains	23	pyjamas	6
mouse (computer)	3	quilt	8
mouse (pet)	26	rabbit hutch	27
mouth	4	rabbits	26
mud	29	rain	29
mushrooms	16	rainbow	28
muzzle	19	rake	12
neck	5	razor	9
net	18	receipt	17
nightdress	7	recorder	21
nose	5	refrigerator	10
notebook	21	ribbon	7
oranges	17	road	14
orchard	24	roof	12
oven	10	roundabout	19
paintbox	3	rowing boat	22
paintbrush	21	rucksack	22
painting	30	ruler	21
paper	21	sandpit	18
parking meter	15	satchel	21
parrot	27	saucepan	11
pears	17	saucer	11
pedestrian	15	sausages	17
pencil-case	20	scarecrow	22
pencils	20	scarf	6
pens	20	school bus	21
perch	27	scooter	19
petrol pump	14	screen	30
petrol station	15	see-saw	18
photographs	30	shadow	29
picnic	23	shampoo	9
picnic basket	23	shapes	20
pig	25	shed	12
pigeon's wing	26	sheep	25
pigeons	18	sheepdog	25
piglet	25	sheet	8
pigsty	24	shepherd	24
pillow	8	shirt	7
pineapple	17	shoes	6
plate	10	shop	14
playing cards	3	shorts	7
plough	25	shoulder	4
plug (electric)	11	shower	9
plug (sink)	9	sink	9
police car	14	sister	4
pond	19		

skateboard	18	toilet	9
skipping rope	19	toilet paper	17
skirt	6	tomatoes	16
sledge	29	tongue	4
sleeping bag	23	toothpaste	9
slice of bread	16	tortoise	26
slide	19	towel	9
slide projector	20	towel rail	9
snails	13	tracksuit	7
snow	28	tractor	25
snowballs	29	traffic lights	14
snowflakes	29	traffic warden	15
snowman	28	train	3
socket	10	triangle	20
socks	6	trolley	17
sofa	30	trousers	6
soft toys	3	trowel	12
son	4	turkey	25
sowing time	29	TV aerial	12
spade	12, 18	uncle	5
spaghetti	17	underpants	6
sponge	9	vacuum cleaner	11
spoon	10	vegetables	12
spring	28	video recorder	30
sprinkler	12	wagon	24
stable	24	wall chart	20
starry sky	29	wardrobe	8
steam roller	14	washing machine	10
stepping stones	22	washing powder	17
stick insect	27	waste bin	11
stockings	6	water mill	22
storm	28	water weed	26
stream	22	waterfall	22
streetlight	15	watering can	12
summer	28	weather chart	29
sunshine	28	weather vane	28
swings	18	wheel	27
switch	11	wheelbarrow	12
T-shirt	6	wheelchair	19
table	30	whisk	11
tadpoles	18	wife	5
tap	9	wind	28
taxi	14	windmill	22
teacher	20	windsock	29
teddy bear	3	window	12
teeth	5	window box	12
telephone	30	winter	28
telephone box	14	wrist	5
television	30	writing	21
tent	22	yacht	19
terrapins	26		
thumb	4		
tie	7		
tights	7		
till	17		
toad	26		
toes	4		